BEI GRIN MACHT SICH I
WISSEN BEZAHLT

- Wir veröffentlichen Ihre Hausarbeit,
  Bachelor- und Masterarbeit

- Ihr eigenes eBook und Buch -
  weltweit in allen wichtigen Shops

- Verdienen Sie an jedem Verkauf

Jetzt bei www.GRIN.com hochladen
und kostenlos publizieren

Torsten Mierdorf

Digitale Produkte und Digital Rights Management

GRIN Verlag

Bibliografische Information der Deutschen Nationalbibliothek:

Die Deutsche Bibliothek verzeichnet diese Publikation in der Deutschen National-
bibliografie; detaillierte bibliografische Daten sind im Internet über http://dnb.d-
nb.de/ abrufbar.

Impressum:

Copyright © 2007 GRIN Verlag GmbH
Druck und Bindung: Books on Demand GmbH, Norderstedt Germany
ISBN: 978-3-640-11057-5

Dieses Buch bei GRIN:

http://www.grin.com/de/e-book/112602/digitale-produkte-und-digital-rights-
management

GRIN - Your knowledge has value

Der GRIN Verlag publiziert seit 1998 wissenschaftliche Arbeiten von Studenten, Hochschullehrern und anderen Akademikern als eBook und gedrucktes Buch. Die Verlagswebsite www.grin.com ist die ideale Plattform zur Veröffentlichung von Hausarbeiten, Abschlussarbeiten, wissenschaftlichen Aufsätzen, Dissertationen und Fachbüchern.

Besuchen Sie uns im Internet:

http://www.grin.com/

http://www.facebook.com/grincom

http://www.twitter.com/grin_com

Hausarbeit

Digitale Produkte und Digital Rights Management

Sommersemester 2007

Fachbereich 3 Wirtschaft & Recht der Fachhochschule Frankfurt am Main

Studiengang: Wirtschaftsinformatik

vorgelegt von:

Torsten Mierdorf

Abgabe: Frankfurt, 19.Juli 2007

Inhaltsverzeichnis

1

1. Einleitung

Mit der Zunahme von Internetanschlüssen weltweit hat auch die Verbreitung digitaler Produkte immer mehr an Bedeutung gewonnen. Durch unerlaubte Nutzung und Vervielfältigung rechtlich geschützter Inhalte und Informationen entstehen den Medien- und Softwarekonzernen hohe Umsatzeinbussen in Milliardenhöhe. Insbesondere in der Musikindustrie hat sich im laufe der letzen Jahre der Gesamtumsatz des Tonträgermarktes in Deutschland zunehmend verschlechtert.[1] Einer der Hauptgründe hierfür ist die massenweise Verbreitung von Musikdateien in illegalen Internet-Tauschbörsen aber auch die technologische Entwicklung von Informations- und Kommunikationstechnologien hat dazu beigetragen, dass Aufgrund der enormen Verbreitung von Computern in privaten Haushalten eine Verschiebung der Reproduktionsaktivitäten stattgefunden hat. Nicht mehr die Anbieter digitaler Inhalte, sondern die Konsumenten selbst vervielfältigen mithilfe einfach zu bedienender, technischer Mittel die Originale. Waren mit analogen Kopien noch relativ hohe Kosten verbunden, lassen sich von digitalen Inhalten in kürzester Zeit verlustfreie Kopien anfertigen, die sich dann relativ schnell über digitale Netzwerke verteilen lassen. Diese unerlaubte Nutzung und Vervielfältigung rechtlich geschützter Inhalte und Informationen ist mittlerweile zum einem Trend der Konsumenten geworden. Um diesen Trend entgegenzuwirken, soll nun das Digital Rights Management (DRM) bzw. die Digital Rights Management-Systeme (DRMS) weiterhelfen. Durch das Digital Rights Management soll die unerlaubte Verbreitung urheberrechtlich geschützter Inhalte verhindert und Kontrolliert werden.[2]

Ziel dieser Hausarbeit ist es aufzuzeigen, welsche Möglichkeiten Unternehmen mit DRM haben, um sich vor Internetpiraterie und unerlaubte Verbreitung urheberrechtlich geschützter Inhalte zu schützen. Dabei werden zunächst die Begriffe digitale Produkte und DRM definiert. Danach wird anhand eines Beispiels die Funktionsweise eines DRM-Systems näher erläutert. Anschließend wird dann noch kurz auf die Nutzungsrechte eingegangen. Daraufhin wird anhand der Musikindustrie ermittelt welche Vor- und Nachteile DRM hat.

---

[1] Vgl. http://www.miz.org/intern/uploads/statistik46.pdf (08.06.2007)
[2] Vgl. Picot/Thielmann, Distribution und Schutz digitaler Medien durch Digital Rights Management, Berlin/Heidelberg 2004, Vorwort ohne Seitenangabe

2. Digitale Produkte

„Digitale Produkte sind Informationen im weiteren Sinn, die in vollständig digitaler Repräsentation gespeichert vorliegen und ohne Bindung an ein physisches Trägermedium über Kommunikationsnetze vertrieben werden können".[3] D.h. digitale Produkte sind immaterielle Mittel die sich auf Vorrat produzieren und speichern lassen, wie z.b. elektronische Bilder, Texte, Musik- oder Filmdateien sowie Software. Außerdem haben digitale Produkte vorteilhafte Eigenschaften, wie leichte Reproduzierbarkeit, Veränderbarkeit und sind praktisch Unzerstörbar, da sie keiner physischen Abnutzung unterliegen. Neben diesen vorteilhaften Eigenschaften gibt es noch ein weiteres wichtiges Merkmal für digitale Produkte und zwar deren Kostenstruktur. Die Produktion von Informationen für digitale Produkte sind am Anfang sehr kostenaufwendig, aber deren Reproduktion ist dagegen sehr preiswert. Demzufolge verursacht die Produktion des ersten Exemplars erhebliche fixe Kosten, während für die Produktion von weiteren Exemplaren nur geringere weitere variable Kosten entstehen. D.h. diese Kostenstruktur führt zu einem positiven Skaleneffekt, wenn die Produktionsmenge stärker steigt, als die eingesetzten Faktoren. Werden die digitalen Produkte über das Internet vertrieben, dann tendieren die Kosten bzw. Distributionskosten bei einer bestimmten Absatzmenge irgendwann gegen Null und es kommt zu positiven Erträgen.[4] Und genau hier fangen die Probleme der Unternehmen an, die mit digitalen Produkten ihr Geld erwirtschaften. Durch Internetpiraterie d.h. durch unerlaubte Nutzung und Vervielfältigung rechtlich geschützter digitaler Inhalte und Informationen, entstehen den Medien- und Softwarekonzernen erhebliche Umsatzeinbussen in Milliardenhöhe. Um dem entgegenzutreten, bedienen sich einige Unternehmen z.B. die Musikindustrie dem Digital Rights Management, dass die unerlaubte Verbreitung und Nutzung urheberrechtlich geschützter Inhalte und Informationen verhindern und Kontrollieren soll.[5]

---

[3] Vgl. Mertens, Lexikon der Wirtschaftsinformatik, 4. Auflage, Berlin 2001, S.155
[4] Vgl. Hagenhoff, Internetökonomie der Medienbranche, Göttingen 2006, S. 20ff.
[5] Vgl. http://www.ifpi.de/recht/recht-527.htm (09.06.2007)

3. Digital Rights Management (DRM)

3.1 Definition Digital Rights Management

In der Fachliteratur gibt es keine einheitliche Definition von DRM. Deshalb werden im Folgenden zwei verschiedene Definitionen vorgestellt, die versuchen, die wesentlichen Elemente und Funktionen von DRM zu beschreiben. Herr Prof. Dr. Rüdiger Grimm von der Technischen Universität in Ilmenau beschreibt DRM folgendermaßen: „Unter "Digital Rights Management (DRM)" versteht man Verfahren, die helfen Rechte an digitalen Waren so zu schützen, wie wir das von den an physische Medien gebundenen intellektuellen Erzeugnissen her gewöhnt sind. Kopie und Weitergabe sollen an die regeln des Rechtsinhabers, also des Warenanbieters (Content Provider) gebunden sein".[6]

Eine weitere noch etwas konkretere Definition von DRM formuliert Iannella wie folgt: „[…] DRM covers the description, identification, trading, protection, monitoring and tracking of all froms of rights usages over both tangible and intangible assets – both in physical and digital from – including management of Rights Holders relationships."[7]

3.2 Definition Digital Rights Management-Systeme (DRMS)

Auch hier gibt es keine einheitliche Definition über DRM-Systeme. Aber eine umfassende Definition über DRM-Systeme beschreibt Bechtold wie folgt: „Digital Rights Management-Systeme sind elektronische Vertriebssysteme für digitale Inhalte. Sie ermöglichen die sichere Verbreitung digitaler Inhalte über das Internet oder andere digitale Medien. DRM-Systeme ermöglichen den Rechteinhabern einen sicheren Vertrieb zu berechtigten Nutzern und geben ihnen die Kontrolle über den gesamten Vertriebsweg".[8]

Eine kürzere Definition von Fränkl und Karpf, beschreibt in einem Satz, worum es bei DRM-Systemen geht: „Digital Rights Management Systeme sind technische Lösungen zur sicheren zugangs- und nutzungskontrollierten Distribution, Abrechnung und Verwaltung von digitalem und physischem Content".[9]

---

[6] Vgl. Picot, Digital Rights Management, Berlin/Heidelberg 2003, S. 97
[7] Vgl. http://www.dlib.org/dlib/june01/iannella/06iannella.html
[8] Vgl. Bechtold, Vom Urheber- zum Informationsrecht, München 2002, S.2
[9] Vgl. Fränkl/Karpf, Digital Rights Management Systeme, München 2004, S.26

Ziel solcher DRM-Systeme ist es, Rechteinhaber von Informationsgütern die Möglichkeit zu geben, die Art der Nutzung seines Eigentums durch Nutzer auf Basis einer zuvor getroffenen Nutzungsvereinbarung technisch zu erzwingen. Damit ist gemeint, dass Rechteinhaber von Informationsgütern bestimmen können wer, wann, wie oft, zu welchem Preis und in welcher Art und Weise auf ein Werk zugegriffen werden darf bzw. zugegriffen worden ist. Somit können einzelne Nutzungsvorgänge kontrolliert und automatisiert werden und erlauben so auch eine individuelle Lizenzierung und Abrechnung von bestimmten Werken.[10]

3.2.1 Funktionsweise eines DRM-Systems

Die grundlegende Funktionsweise eines DRM-Systems kann anhand des vereinfachten DRM-Referenzmodells von Rosenblatt/Trippe/Mooney beschrieben werden: Das DRM-Referenzmodell besteht aus drei Hauptkomponenten:

- einem Content-Server (auf dem digitale Inhalte gespeichert sind)
- einem Client (der eine Anfrage auf eine bestimmte Datei stellt)
- und einem License-Server

In der nun folgenden Abbildung.1 wird das vereinfachte Referenzmodell von Rosenblatt/Trippe/Mooney dargestellt.

---

[10] Vgl. Picot/Thielmann, Distribution und Schutz digitaler Medien durch Digital Rights Management, Berlin/Heidelberg 2004, S.15ff

5

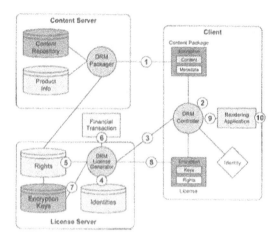

Abb.1: DRM-Referenzmodell, Quelle: Rosenblatt et al. 2002[11]

Im Content-Server liegen die digitalen Inhalte (z.b. Musik, Bilder Filme, Texte) sowie die dazugehörigen Metadaten (Product Info) bereit, die vom DRM-Packager zusammengefasst werden. (1) Ein Nutzer (Client) lädt sich nun ein verschlüsseltes Datenpaket (digitale Inhalte) inklusive Metadaten von einem Content-Server (z.b. Web- oder FTP-Server) auf sein Endgerät herunter. (2) Durch öffnen dieser Datei wird eine automatische Anfrage gestartet. Diese aktiviert den DRM-Controller des Nutzers (Client). (3) Einmal aktiviert, sucht der DRM-Controller die nötigen Informationen um die gewünschte Lizenz ausstellen zu können und sendet die Identität (Identity) des Nutzers (Client) und des digitalen Inhaltes (Content Package) zum (Licence-Server). (4) Der Lizenz Server identifiziert den Nutzer mit Hilfe der Identifikationsdatenbank (Identities). (5) Die Rechte, die der Nutzer angefordert hat, werden erfasst und in der Rechte-Datenbank (Rights) festgehalten. (6) Sollte für diese Transaktion eine Zahlung nötig sein, wird dementsprechend ein Zahlungsvorgang eingeleitet (financial Transaction). (7) Der DRM-License Generator stellt dann anhand all dieser Informationen eine verschlüsselte Lizenz aus (Encryption Keys). (8) Diese verschlüsselte Lizenz wird dann dem Nutzer zugeschickt. (9) Der DRM-Controller des Nutzers empfängt die Nutzungslizenz für die bereits vorliegenden digitalen Inhalte und entschlüsselt diese. Danach wird der entschlüsselte Inhalt über eine Anwendungssoftware (Rendering Application) freigegeben. (10) Der Nutzer kann nun die digitalen Inhalte nutzen.

---

[11] Vgl. Rosenblatt/Trippe/Mooney, Digital Rights Management, New York 2002, S.83

6

Wie aus dieser Beschreibung hervorgeht, ist ein prägnantes Merkmal von DRM die konsequente Trennung von Inhalten und den dazu gehörigen Rechten. Somit ist ein digitaler Inhalt ohne die entsprechende Lizenz ein nutzloses Datenpaket. Aufgrund dessen werden auch die DRM- Systeme immer häufiger in der Medienindustrie eingesetzt.[12] Prinzipiell funktionieren alle in der Praxis eingesetzten DRM-Systeme nach diesem Grundschema. Natürlich gibt es auch Anbieterspezifische Abweichungen die sich durch verschiede verwendete Technologien bemerkbar machen. Diese Technologien gehen dabei von DRM-Systemen mit reinen Markierungstechnologien (z.b. Wasserzeichen, digitale Fingerabdrücken) bis hin zu komplexen Verschlüsselungs-, Clearing- und Abrechnungssystemen. Diese Technologien werden zum Schutz vor Missbrauch, wie unerlaubte Vervielfältigung, Verbreitung und Veränderung von digitalen Inhalten im online und offline Bereich, eingesetzt.[13]

3.2.2 Nutzungsrechte

Nutzungsrechte definieren, wer, wann, wie oft, wie lange und womit auf ein Werk zugegriffen werden darf. Im engeren Sinn handelt es sich dabei um Zugangs- und Nutzungsrechte. Zugangsrechte bestimmen, wer (die berechtigte Peron ist), womit (die Person die Inhalte benutzt darf d.h. welsche Geräte) und was (die Person mit einem digitalen Inhalt machen darf). Nutzungsrechte lassen sich in 3 Kategorien einteilen:

- zeitliche Nutzungsrechte (begrenzte- oder unbegrenzte Nutzungsdauer)
- räumliche Nutzungsrechte (nur für bestimmte Gebiete und Engeräte)
- modale Nutzungsrechte (persönliche Nutzung, Kopierbeschränkungen)[14]

Ein gutes Beispiel hierfür ist die Musikindustrie mit iTunes von Apple, deren vorgegebenen Nutzungsrechte reglementieren das Abspielen auf einer begrenzten Anzahl von PCs, das Übertragen auf mobile Abspielgeräte und das Brennen der Musiktitel auf CDs. Außerdem werden auch zeitliche Nutzungsrechte vorgegeben d.h. wie lange ein Musikstück gehört werden darf. In aller Regel gelten diese

---

[12] Vgl. Böhm, Innovationsmarketing für UMTS-Diensteangebote, Wiesbaden 2004, S. 449ff
[13] Vgl. Buhse,Wettbewerbsstrategien im Umfeld von Darknet und Digital Rights Management, Wiesbaden 2004 S.70ff
[14] Vgl. Büllesbach/Dreier, Wem gehört die Information im 21. Jahrhundert?, Köln 2004, S. 63ff

Nutzungsrechte immer nur für einen Nutzer und sind nicht übertragbar. Für jedes Musikstück kann ein Rechteinhaber (Platten- und Produktionsfirmen, Künstler) verschiedene Rechte festlegen, die vom jeweiligen Download-Shop berücksichtigt werden müssen. Das führt bei den Konsumenten schnell zu Verwirrung und Unklarheiten.[15]

4. Die Musikindustrie im Zwiespalt zwischen Internetpiraterie und DRM

4.1. Aktuelle Marktentwicklung in der Musikindustrie

Der Musikkonsum gehört bei den Jugendlichen mit zu den beliebtesten Freizeitbeschäftigungen in Deutschland und hat über die Jahre stetig zugenommen.[16] Allerdings befindet sich die Musikindustrie seit Jahren in einer schwierigen Phase rückläufiger Umsätze und Gewinne. Dies hat zum einem damit zu tun, dass immer weniger physische Tonträger (CDs, Musik-DVDs usw.) nachgefragt werden und zum anderen steigen die Downloads von Musik im Internet immer weiter an, sei es legal oder illegal. Man kann fast schon sagen, dass die Verkaufszahlen von physischen Tonträgern genauso schnell sinken, wie die Zahl von illegalen Downloads und Raubkopien steigen. In der nun folgenden Abbildung 2 wird verdeutlicht, wie sich die rückläufigen Umsätze in der deutschen Musikindustrie entwickelt haben.

---

[15] Vgl. http://www.apple.com/legal/terms/site.html
[16] Vgl. http://www.mpfs.de/fileadmin/Studien/JIM2005.pdf, S.13ff (14.06.2007)

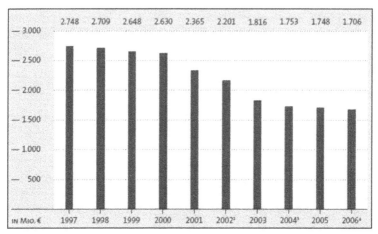

Abb.2: Gesamtumsatz des Phonomarktes in Deutschland 1997-2006, Quelle: IFPI 2006[17]

Die Gründe für diese rückläufigen Umsätze sind vielfältig. Jedoch ist einer der Hauptgründe das Konsumentenverhalten in Verbindung mit der technischen Entwicklung im Konsumerbereich. Mit der zunehmenden Verbreit von Homecomputern und CD-Brennen werden mittlerweile mehr CD-Rohlinge als bespielte Tonträger verkauft laut einer Studie der GfK.[18] Ein weiterer Grund für die hohen Umsatzrückgänge ist die Musikpiraterie d.h. dem Austausch von Musikstücken im Internet über illegale Filesharing-Systeme. Diese Systeme basieren auf dem „Peer-to-Peer-Prinzip" (P2P), wobei Musikdateien nicht auf einem zentralen Server gespeichert werden, sondern auf Homecomputern von Nutzern. Dabei entsteht das Problem, dass die Urheber und Rechteinhaber für die Verbreitung und Nutzung ihrer digitalen Inhalte keinerlei finanzielle Entschädigung erhalten, was ihnen aber rechtlich zustehen würde. Die allgemeine Musikpiraterie hat in den letzten Jahren stark zugenommen und hat der Musikindustrie schänden im Milliardenhöhe eingebracht. Dazu findet sich im Anhang eine Statistik von der GfK.

4.2. Kritische Auseinandersetzung von DRM in der Musikindustrie DRM

DRM wird in der heutigen Zeit vor allem in Musikonlineshops eingesetzt wie z.B. Apple iTunes Musicstore, Musicload usw., um digitale Inhalte vor Missbrauch zu schützen. Dabei hat das DRM für die Musikindustrie nicht nur positive Effekte,

---

[17] Vgl. http://www.ifpi.de/wirtschaft/jahreswirtschaftsbericht_2006.pdf, S. 4, (14.06.2007)
[18] Vgl. http://www.ifpi.de/wirtschaft/brennerstudie2007.pdf , S.13ff, (14.06.2007)

sondern es wird von Kritikern als Hindernis für den Online-Verkauf angesehen.[19] Um dies zu verdeutlichen werden im Folgenden die Vor- und Nachteile von DRM dargestellt, die sich mit Hilfe der vorhergehenden Kapitel ableiten lassen:

Vorteile von DRM:

- DRM erschwert die Musikpiraterie durch Kopierschutztechnologien
- DRM gibt den Urheber und Rechteinhaber von digitalen Inhalten Zugangs- und Nutzungskontrolle
- Einkünfte der Urheber und Rechteinhaber werden durch DRM abgesichert
- DRM gewährleistet die Authentizität und Integrität der digitalen Inhalte und kann somit legal erwerben.
- Konsument bezahlt nur für Inhalte, die er selbst ausgesucht hat
- DRM ermöglicht neue Geschäftsmodelle und damit neue Absatzkanäle

Nachteile von DRM:

- DRM-Systeme beschränken die Nutzung und Mobilität von digitalen Inhalten, sowie deren Übertragbarkeit auf andere Geräte
- Es besteht ein hohes Risiko der Datenschutzverletzung und Verletzung der Privatsphäre durch die Erfassung der Nutzungsgewohnheiten der Konsumenten
- Mangel an Standards und inkompabilität verschiedener Systeme erschwert die Nutzung von digitalen Inhalten.
- Konsumenten werden durch Zugangs- und Nutzungsrechte für digitale Inhalte sehr eingeschränkt im Gegensatz zu physischen Produkten z.B. CD[20]

Obwohl die Downloadumsätze 2006 im Internet um 40 Prozent gestiegen sind und die Musikpiraterie im Netz von 2003 bis 2006 zurückgegangen ist, entstehen der Musikindustrie immer noch Umsatzeinbusen in Milliardenhöhe.[21] „Mehr als 60 Prozent der Manager in der Musikindustrie sind davon überzeugt, dass DRM-Systeme ein wichtiges Hindernis für den Online-Verkauf von Musik bilden. Nichtsdestotrotz wollen sie in absehbarer Zeit nicht auf den Einsatz von DRM verzichten [...]"[22]

---

[19] Vgl. http://www.golem.de/0702/50655.html (14.06.2007)
[20] Vgl. Büllesbach/Dreier, Wem gehört die Information im 21. Jahrhundert?, Köln 2004, S. 63ff
[21] Vgl. http://www.ifpi.de/news/news-863.htm (14.06.2007)
[22] Vgl. http://www.golem.de/0702/50655.html (14.06.2007)

5. Fazit

Mit der Verbreitung des Internets gewinnt der Schutz von digitalen Inhalten immer mehr an Bedeutung. Das Internet als neuen Vertriebsweg für digitale Produkte, zwingt Anbieter dazu über Schutzmaßnahmen nachzudenken. Dabei stellt das DRM mit seinen DRM-Systemen eine gute alternative für den Schutz von Missbrauch digitaler Produkte dar. Wie aus dieser Arbeit hervorgeht, besteht der Sinn und Zweck von DRM bzw. DRM-Systeme darin, urheberrechtlich geschützte Inhalte vor Missbrauch zu schützen und kommerziell vertretbar zu machen. Wie in Kapitel 4 zu sehen war, wird in der Musikindustrie das DRM schon seit längerer Zeit eingesetzt. DRM-Systeme verschlüsseln die digitalen Inhalte und machen sie nur im Zusammenhang mit einem Zugangs- und Nutungsrecht brauchbar. Dazu werden derzeit für den elektronischen Musikvertrieb mehrere - meist nicht kompatible - Audio-Dateiformate sowie unter-schiedliche proprietäre DRM-Systeme verwendet. Die Nutzung von Inhalten verschiedener Anbieter gestaltet sich dadurch für Konsumenten recht schwierig aufgrund fehlender Standards. Außerdem empfinden Konsumenten, dass sie durch Zugangs- und Nutzungsrechte, zu sehr Einschränkt werden im Bezug für ihre Nutzungsmöglichkeiten gekaufter Inhalte. Obwohl es eine ganze Reihe von negativen Effekten gibt, kann die Musikindustrie nicht mehr auf DRM verzichten. Ob sich der Einsatz von DRM auch in allen anderen Bereichen der Multimedia-Branche durchsetzen wird bleibt abzuwarten. Dennoch wird auch in Zukunft das DRM eine wichtige Rolle in der Multimedia-Branche spielen.

Anhang 1

IFPI Jahresbericht 2006 : Wert von Musikpiraterie und Musikkopien zu
Endverbraucherpreisen; URL: http://www.ifpi.de/wirtschaft/jahreswirtschaft
tsbericht_2006.pdf , S.18 (14.06.2007)

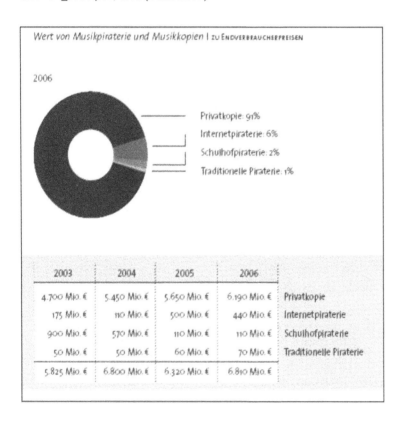

Abbildungsverzeichnis

Abkürzungsverzeichnis

Abb.	Abbildung
B2B	Business to Business
B2C	Business to Consumer
bzw.	beziehungsweise
CRM	Costumer Relationship Management
d.h.	das heißt
E-Business	Electronic Business
E-Booking	Electronic Booking
ECM	Enterprise Content Management
E-Commerce	Electronic Commerce
E-Consulting	Electronic Consulting
E-Cooperation	Electronic Cooperation
EDI	Electronic Data Interchange
E-Distribution	Electronic Distribution
E-Information	Electronic Information
E-Learning	Electronic Learning
E-Logistics	Electronic Logistics
E-Logistik	Elektronische Logistik
E-Marketplace	Electronic Marktplace
E- Massaging	Electronic Massaging
E-Procurement	Electronic Procurement
E-Selling	Electronic Selling
E-Shopping	Electronic Shopping
e.V.	eingetragener Verein
IAO	Institut für Arbeitswirtschaft und Organisation
IKT	Informations- und Kommunikationstechnologien
IT	Informationstechnologie

LKW	Lastkraftwagen
S.	Seite
SCM	Supply Chain Management
vgl.	vergleiche
z.b.	zum Beispiel
ZEW	Zentrum für Europäische Wirtschaftsforschung

Literaturverzeichnis

Bechtold, Stefan (2002): Vom Urheber- zum Informationsrecht – Implikationen des Digital Rights Management, München

Böhm, Stephan (2004): Innovationsmarketing für UMTS-Diensteangebote, Wiesbaden

Buhse, Willms (2004): Wettbewerbsstrategien im Umfeld von Darknet und Digital Rights Management – Szenarien und Erlösmodelle für Onlinemusik, Wiesbaden

Büllesbach, Alfred / Dreier, Thomas Wem gehört die Information im 21. Jahrhundert ? – Proprietäre versus nicht proprietäre Verwertung digitaler Inhalte , Köln 2004,

Fränkl, Gerald / Karpf, Philipp (2004): Digital Rights Management Systeme - Einführung, Technologien, Recht, Ökonomie und Marktanalyse, München

Hagenhoff, Svenja (2006): Internetökonomie der Medienbranche, Göttingen

Picot, Arnold (2003): Digital Rights Management, Berlin/Heidelberg

Picot, Arnold / Thielmann, Heinz (2004): Distribution und Schutz digitaler Medien durch Digital Rights Management, Berlin/Heidelberg

Peter, Mertens: Lexikon der Wirtschaftsinformatik, Auflage 4, 2001 Berlin

Rosenblatt, Bill / Trippe, Bill / Mooney, Stephen (2002): Digital Rights Management – Business and Technology, New York

Internetseiten

Apple (2007): Legal Information& Notices; URL: http://www.apple. com/ legal/terms/site.html (13.06.2007)

Deutsches Musikinformationszentrum: Gesamtumsatz des Tonträger-marktes in der Bundesrepuplik Deutschland (2007) ; URL: http://www.miz. org/intern/ uploads/statistik46.pdf (08.06.2007)

Dr. Thorsten Braun(2004): Deutsche Landesgruppe der IFPI (International Federation of the Phonographic Insdustry) e.v, Recht – Digital Rights Management – Fluch oder Segen?; URL: http:// www.ifpi.de/recht/ recht-527.htm (09.06.2007)

Fittkau & Maaß Consulting GmbH (2004): Pressemitteilung zur W3B-Studie – Musik & Internet; URL: http://www.fittkaumaass.com/ download/W3B19_Musik.pdf,S.3 (14.06.2007)

Golem.de IT-News für Profis (2007): Musikindustrie orientierungs -los bei DRM – keine Besserung in Sicht; URL: http://www.golem .de/0702/50655.html (14.06.2007)

IFPI (2007): Brennerstudie 2007 – Bundesverband der Phono-graphischen Wirtschaft / GfK; URL: http://www.ifpi.de/wirtschaft /brennerstudie2007.pdf, S.13ff, (14.06.2007)

IFPI Presse (2007): Musikindustrie: Internet ist Hoffnungsträger; URL: http://www.ifpi.de/news/news-863.htm (14.06.2007)

Iannella, Renato (2001): Digital Rights Management (DRM) Architectures, In: DLib Magazine, Vol.7, No.6,; URL: http://www.dlib.org/dlib/june01/ iannella/06iannella.html (10.06.2007)

mpfs (Medienpädagogischer Forschungsverband Südwest): JIM-Studie (2005) – Jugend, Information, (Multi-) Media; URL: http //www.mpfs.de/fileadmin/Studien/JIM2005.pdf, S.13ff,(14.06.07)